Impressum
Verlag: BABADADA GmbH, Nedderfeld 112 , 22529 Hamburg
Geschäftsführer / Verlagsleitung: Harald Hof
Druck: Books on Demand GmbH, In de Tarpen 42, 22848 Norderstedt

Imprint
Publisher: BABADADA GmbH, Nedderfeld 112 , 22529 Hamburg, Germany
Managing Director / Publishing direction: Harald Hof
Print: Books on Demand GmbH, In de Tarpen 42, 22848 Norderstedt

scol

學校

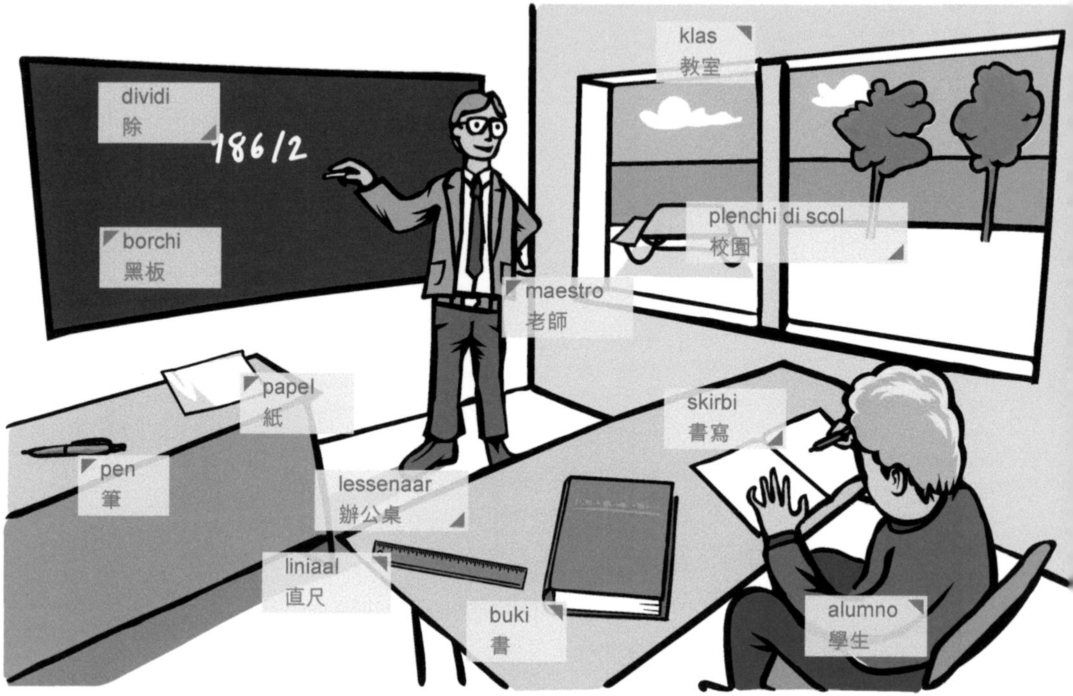

klas
教室
dividi
除
186/2
borchi
黑板
plenchi di scol
校園
maestro
老師
papel
紙
skirbi
書寫
pen
筆
lessenaar
辦公桌
liniaal
直尺
buki
書
alumno
學生

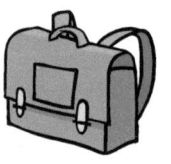

tas di scol

書包

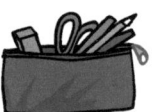

etui

鉛筆盒

potlood

鉛筆

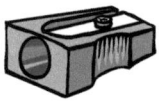

slijper

削鉛筆機

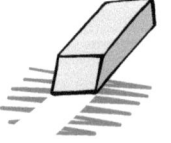

gum

橡皮擦

buki di pinta

畫板

pintura

圖畫

cuashi

畫筆

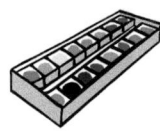

caha di verf

顏料盒

sker

剪刀

lijm

膠水

schrift

練習冊

huiswerk

家庭作業

number

數字

suma

加

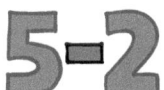

kita

減

multiplica

乘

conta

計算

letter

字母

alfabet

字母表

palabra

字

texto

課文

lesa

讀

krijt

粉筆

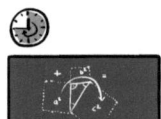

les

上課

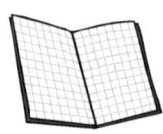

klassenboek

登記

examen

考試

diploma

證書

uniform di scol

校服

estudio

教育

enciclopedia

百科全書

universidad

大學

microscop

顯微鏡

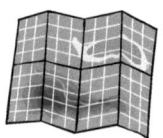

mapa

地圖

bari di sushi

廢紙簍

biahamento
旅行

hotel
飯店
posada
青年旅社
ROOMS
EXCHANGE
oficina di cambio
外幣兌換處
maleta
手提箱
auto
汽車

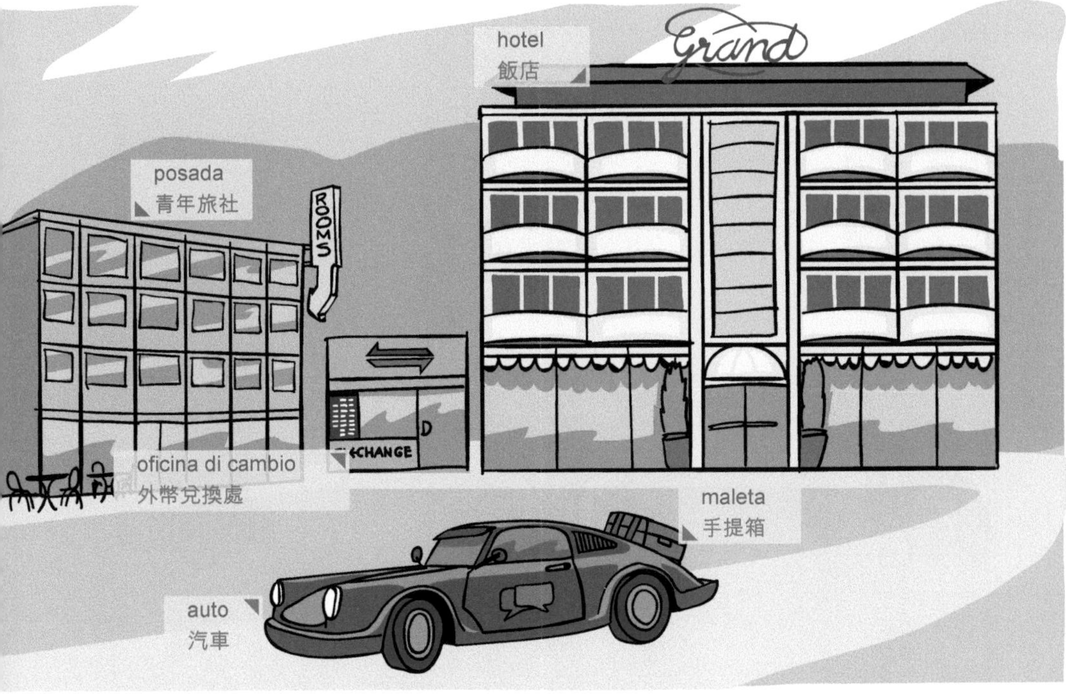

idioma
語言

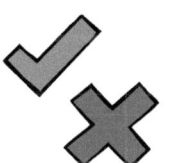

si / no
是/否

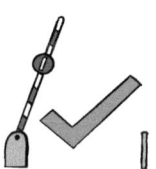

bon
好的

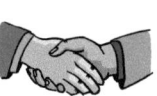

hallo
您好

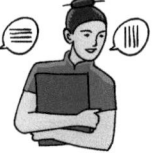

tolk
翻譯人員

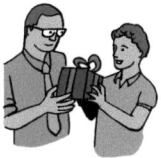

masha danki
謝謝

Cuanto esaki ta costa?

......多少錢？

Mi no ta compronde

我不明白

problema

問題

bon nochi

晚上好！

Bon dia!

早上好！

Bon nochi!

晚安！

ayo

再見

direccion

方向

maleta

行李

handbag

包

rugtas

背包

huesped

客人

camber

房間

slaapzak

睡袋

tent

帳篷

informacion pa turista

旅行資訊

lama

海灘

credit card

信用卡

desayuno

早餐

cuminda di merdia

午餐

cuminda di anochi

晚餐

carchi

票

cabe'i boto

電梯

stampia

郵票

grens

邊界

duana

海關

embahada

大使館

visa

簽證

paspoort

護照

transport

交通運送

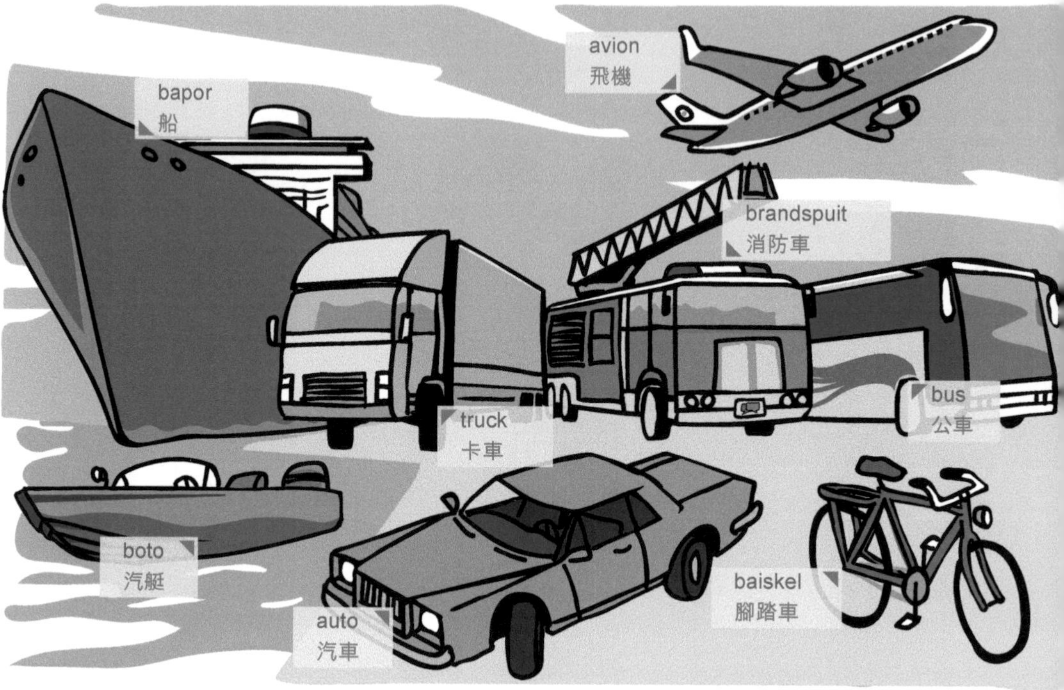

avion
飛機
bapor
船
brandspuit
消防車
bus
公車
truck
卡車
boto
汽艇
baiskel
腳踏車
auto
汽車

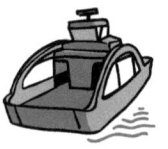

ferry

渡輪

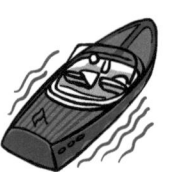

boto

小船

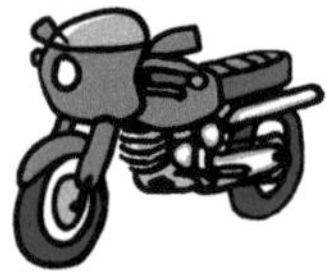

brommer

機車

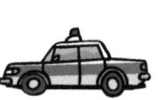

auto di polis

警車

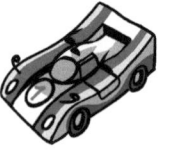

auto di careda

賽車

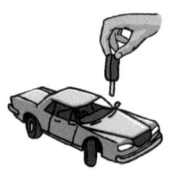

auto di huur

租車

car sharing

拼車

takelwagen

拖車

dump truck

垃圾車

motor

馬達

gasolin

汽油

pomp di gasolin

加油站

borchi di trafico

交通標識

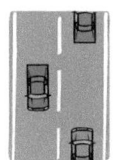

trafico

交通

fila

交通堵塞

parkeerplaats

停車場

stacion di trein

火車站

riel

軌道

trein

火車

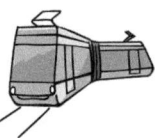

tram

路面電車

wagon

客車廂

helicopter

直升機

aeropuerto

機場

toren

塔

pasahero

乘客

container

集裝箱

caha di carton

紙板箱

garoshi

手推車

macutu

籃子

lanta / baha

起飛/降落

ciudad

城市

pueblo

村莊

centro di ciudad

市中心

cas

房子

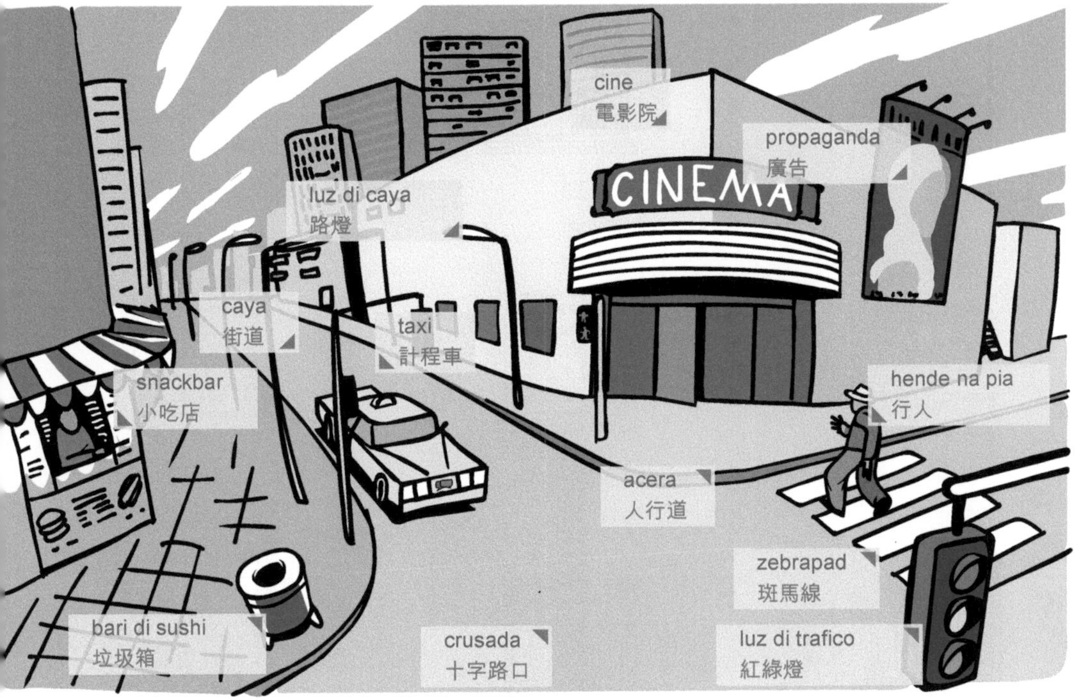

cine
電影院
propaganda
廣告
CINEMA
luz di caya
路燈
caya
街道
taxi
計程車
snackbar
小吃店
hende na pia
行人
acera
人行道
zebrapad
斑馬線
bari di sushi
垃圾箱
crusada
十字路口
luz di trafico
紅綠燈

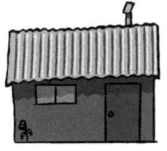

hut

小屋

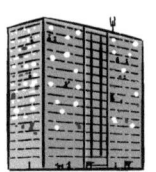

flat

公寓

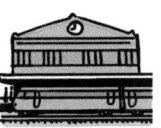

stacion di trein

火車站

stadhuis

市政廳

MUSEUM

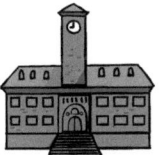

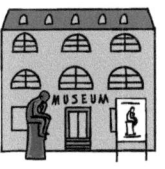

museo

博物館

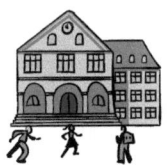

scol

學校

universidad

大學

banco

銀行

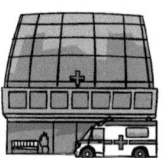

hospital

醫院

hotel

飯店

botica

藥房

oficina

辦公室

boekhandel

書店

tienda

商店

floresteria

花店

supermarket

超市

mercado

市場

department store

百貨商店

bendedo di pisca

魚店

shopping center

購物中心

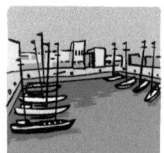

haf

海港

park

公園

banki

長凳

brug

橋

trapi

樓梯

metro

捷運

tunnel

隧道

parada di bus

公車站

bar

酒吧

restaurant

餐館

postbox

郵筒

borchi di nomber di caya

路標

parkeermeter

停車計時器

parke di bestia

動物園

piscina

游泳池

moskee

清真寺

cunucu

農場

polucion

污染

santana

墓地

misa

教堂

speelplaats

操場

tempel

寺廟

paisahe
地形

blachi
樹葉

borchi di direccion
指示牌

caminda
路

sabana
草地

piedra
石頭

palo
樹

keirodo
徒步旅行者

riu
河

yerba
草

flor
花

vallei

峽谷

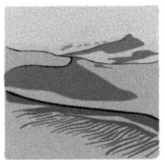

sero

丘陵

lago

湖

mondi

森林

desierto

沙漠

volcan

火山

kasteel

城堡

arco iris

彩虹

paddenstoel

蘑菇

palma

棕櫚樹

sangura

蚊子

musca

蒼蠅

vruminga

螞蟻

bij

蜜蜂

haraña

蜘蛛

tor

甲蟲

dori

青蛙

eekhoorn

松鼠

porcospina

刺蝟

coneu

野兔

shoco

貓頭鷹

parha

鳥

zwaan

天鵝

porco di mondi

野豬

bina

鹿

eland

麋鹿

dam

水壩

molina di biento

風力發電機

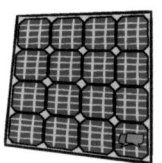

panel solar

太陽能電池板

clima

氣候

restaurant
餐館

waiter
服務生
menu
菜譜
stoel
椅子
sopi
湯
pizza
披薩餅
bestek
餐具
paña di mesa
桌布

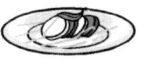

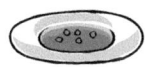

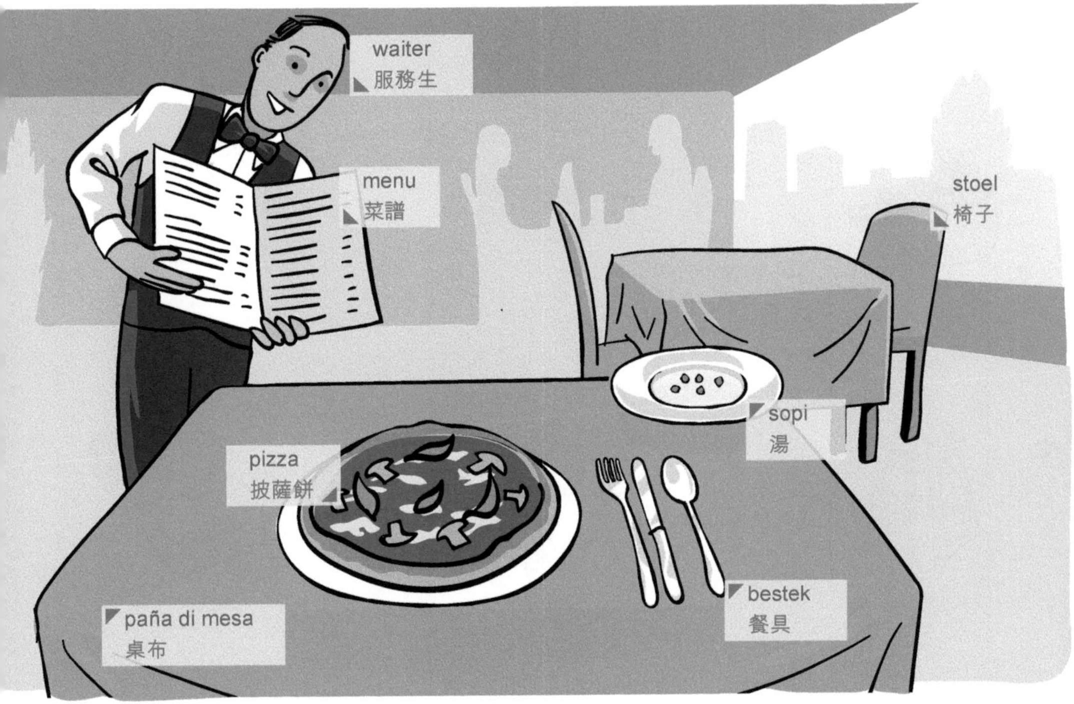

aperitivo

前菜

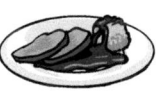

cuminda principal

主菜

dessert

甜點

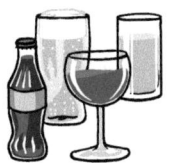

bebida

飲料

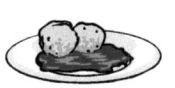

cuminda

食物

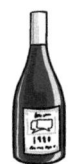

boter

瓶子

fastfood

速食

streetfood

街邊小吃

canica di te

茶壺

pochi di sucu

糖盒

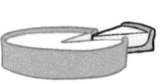

porcion

一份飯菜

espressomachine

義式咖啡機

stoel di mucha

高腳椅

cuenta

帳單

hasechi

托盤

cuchiu

刀

forki

餐叉

cuchara

勺子

telep

茶匙

napkin

餐巾

glas

玻璃杯

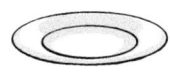

tayo

碟子

tayo di sopi

湯盤

scoter

碟子

saus

醬

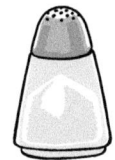

pochi di salo

鹽瓶

mulina di peper

胡椒研磨罐

binager

醋

azeta

食用油

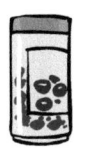

specerij

調味料

ketchup

番茄醬

mosterd

芥末

mayonaise

美乃滋

supermarket

超市

oferta special
特價
FOR
cliente
顧客
producto lacteo
乳製品
fruta
水果
garoshi di compra
購物車

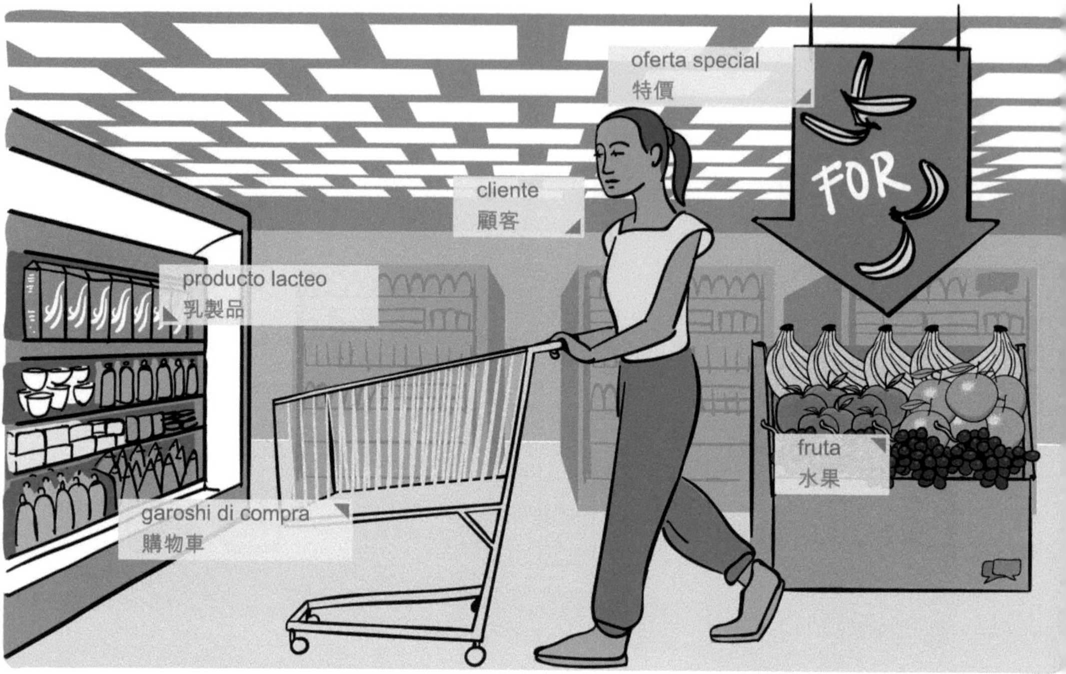

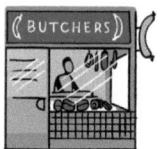

BUTCHERS

carniceria

肉鋪

BAKERY

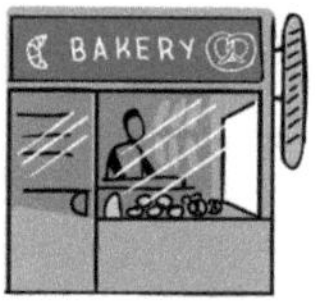

panaderia

麵包店

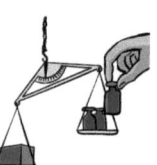

pisa

稱重

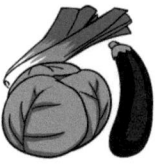

berdura

蔬菜

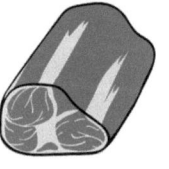

carni

肉

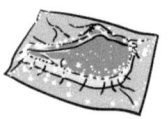

frozen food

冷凍食品

beleg di carni

冷盤

cuminda di bleki

罐頭食品

detergente na puiro

洗衣粉

mangel

甜食

producto pa cas

日用品

articulo di limpiesa

清潔用品

bendedo

銷售員

cahero

收銀機

cahero

收銀員

lista di compra

購物清單

orario

開放時間

cartera

錢包

credit card

信用卡

tas

袋子

saco di plastic

塑膠袋

supermarket - 超市

awa

水

juice

果汁

lechi

牛奶

cola

可樂

biňa

紅酒

cerbes

啤酒

alcohol

酒

chocomel

可可

te

茶

koffie

咖啡

espresso

義式濃縮咖啡

cappuccino

卡布奇諾

bacoba

香蕉

appel

蘋果

apelsina

柳丁

milon

西瓜

lamunchi

檸檬

wortel

胡蘿蔔

conoflok

大蒜

bambu

竹子

siboyo

洋蔥

mushroom

蘑菇

noot

堅果

pasta

麵條

spaghetti

義大利麵

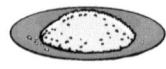

aros

米飯

salada

沙拉

batata hasa

薯條

batata hasa

炸馬鈴薯

pizza

披薩餅

hamburger

漢堡

sandwich

三明治

cutlet

炸豬排

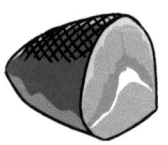

ham

火腿

salami

義大利臘腸

soseishi

香腸

galiña

雞肉

hasa

烤肉

pisca

魚

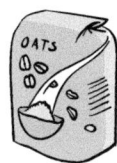

papa

燕麥片

müsli

木斯里

cornflakes

玉米片

hariña

麵粉

croissant

牛角麵包

pan rondo

麵包捲

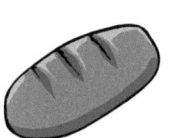

pan

麵包

toast

吐司

cuki

餅乾

manteca

奶油

kwark

凝乳

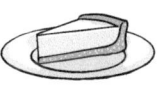

bolo

蛋糕

webo

蛋

webo hasa

煎蛋

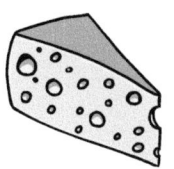

keshi

起司

ijscream

冰淇淋

sucu

糖

honing

蜂蜜

jam

果醬

pasta di chuculati

巧克力醬

curry

咖哩

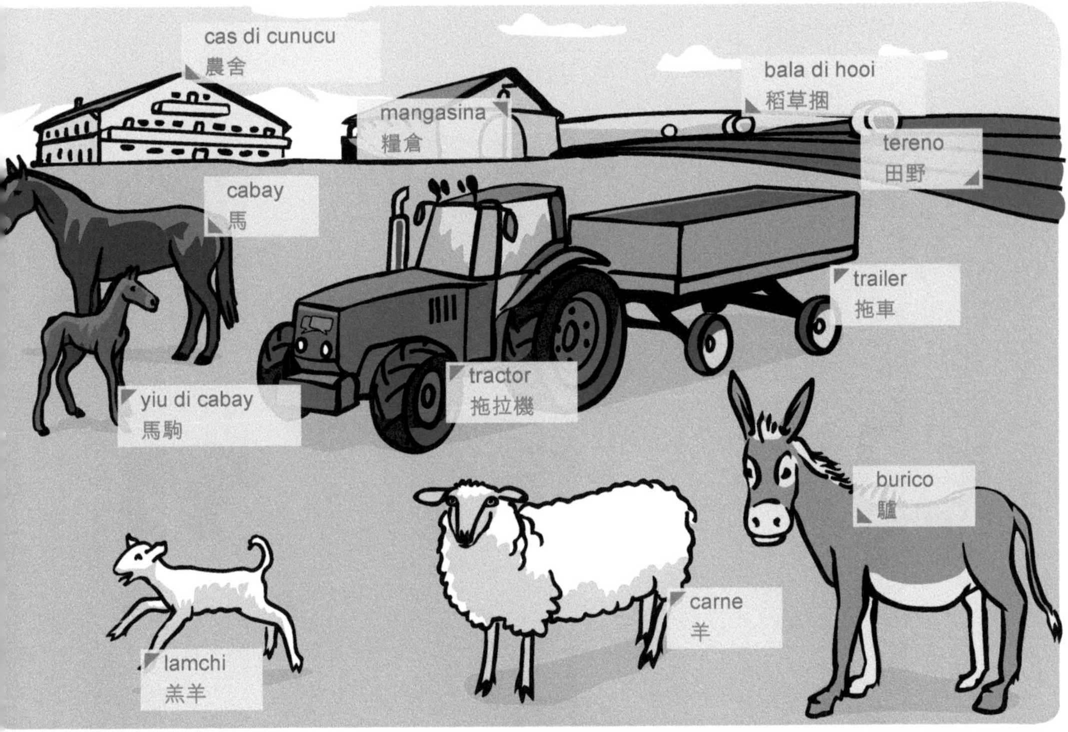

cas di cunucu
農舍

mangasina
糧倉

bala di hooi
稻草捆

tereno
田野

cabay
馬

trailer
拖車

yiu di cabay
馬駒

tractor
拖拉機

burico
驢

carne
羊

lamchi
羔羊

cabrito

山羊

baca

奶牛

bishe

小牛

porco

豬

yiu di porco

小豬

toro

公牛

gans

鵝

pato

鴨

puyito

小雞

galiña

母雞

gay

公雞

djaca

鼠

pushi

貓

raton

老鼠

toro

牛

cacho

狗

cas di cacho

狗屋

slang pa muha mata

花園澆水軟管

gieter

澆水壺

herment pa corta yerbe

長柄大鐮刀

ploeg

犁

garabati

鐮刀

chapi

鋤頭

forki pa coy hooi

長柄草耙

hacha

斧頭

garetia

獨輪手推車

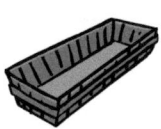

pesebre

飼料槽

canica di lechi

牛奶罐

saco

麻布袋

heki

柵欄

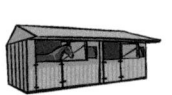

stal

馬廄

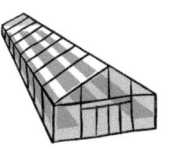

greenhouse

溫室

suela

土壤

simia

種子

mest

肥料

mashin di cosecha

聯合收割機

cosecha

收割

cosecha

收割

yams

地瓜

trigo

小麥

soya

大豆

batata

土豆

maishi

玉米

canola

油菜籽

palo di fruta

果樹

yuca

樹薯

grano

穀物

cas
房子

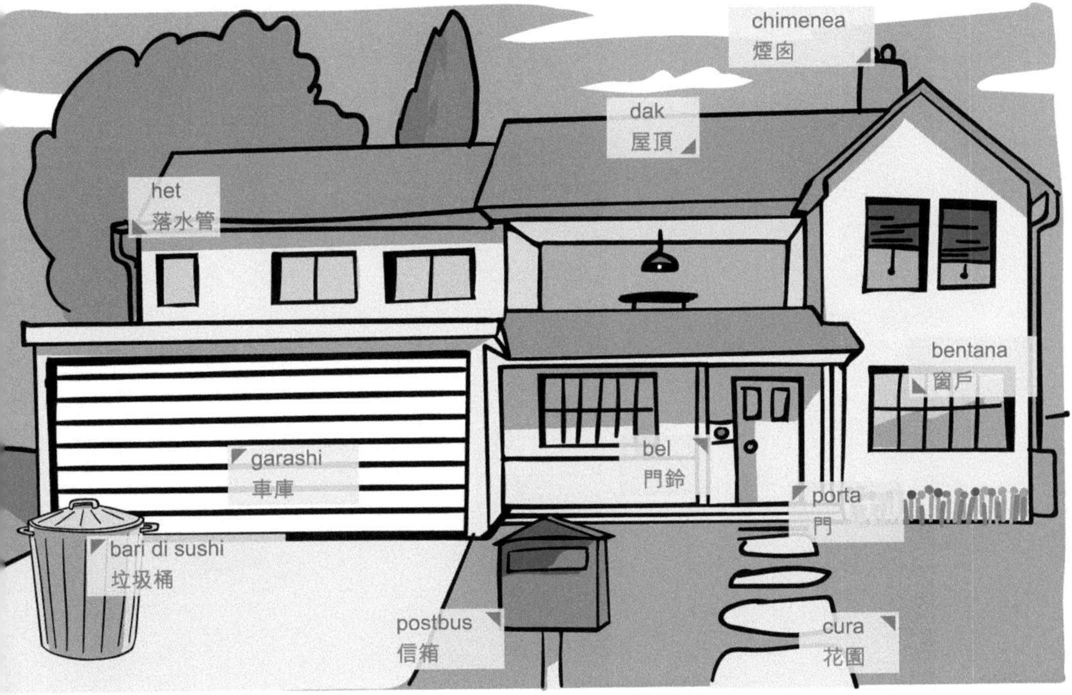
chimenea
煙囪
dak
屋頂
het
落水管
bentana
窗戶
garashi
車庫
bel
門鈴
porta
門
bari di sushi
垃圾桶
postbus
信箱
cura
花園

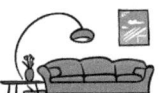

sala

客廳

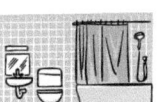

baño

浴室

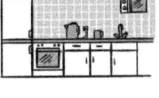

cushina

廚房

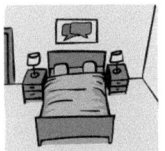

camber

臥室

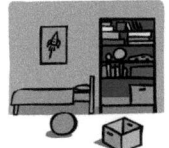

camber di mucha

兒童房

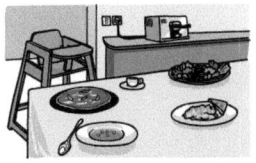

comedo

餐廳

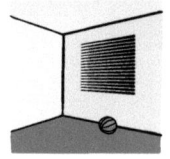

suela

地板

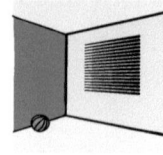

muraya

牆壁

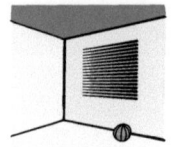

blafon

天花板

bodega

地窖

sauna

三溫暖

balcon

陽臺

terasa

露臺

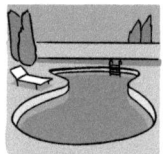

piscina

游泳池

mashin di corta yerba

割草機

laken

被單

bedsprei

床罩

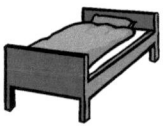

cama

床

basora

掃帚

hemchi

水桶

switch

開關

sala
客廳

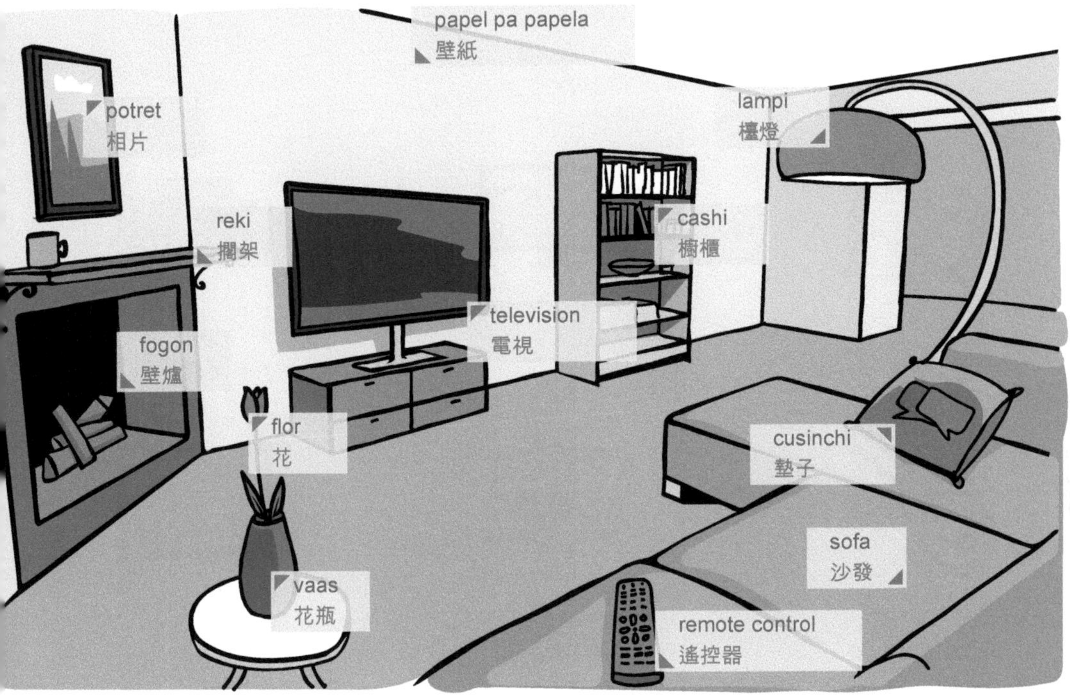
papel pa papela
壁紙
potret
相片
lampi
檯燈
reki
擱架
cashi
櫥櫃
television
電視
fogon
壁爐
flor
花
cusinchi
墊子
sofa
沙發
vaas
花瓶
remote control
遙控器

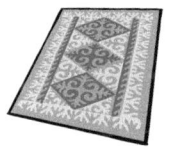

tapijt
地毯

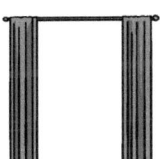

cortina
窗簾

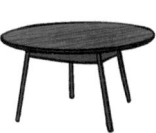

mesa
餐桌

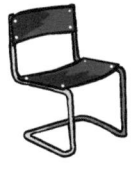

stoel
椅子

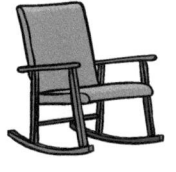

stoel di zoya
搖椅

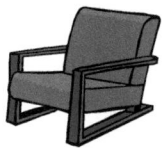

stoel
扶手椅

buki

書

dekel

毯子

decoracion

裝飾品

palo pa kima

木柴

film

電影

stereoset

高傳真音響

yabi

鑰匙

corant

報紙

cuadra

油畫

poster

海報

radio

收音機

blocnote

筆記本

stofzuiger

吸塵器

cadushi

仙人掌

bela

蠟燭

cushina
廚房

frishider
冰箱
microwave
微波爐
balansa di cushina
廚房秤
toaster
烤麵包機
detergente
洗潔精
forno
烤箱
freezer
冰櫃
bari di sushi
垃圾桶
dishwasher
洗碗機

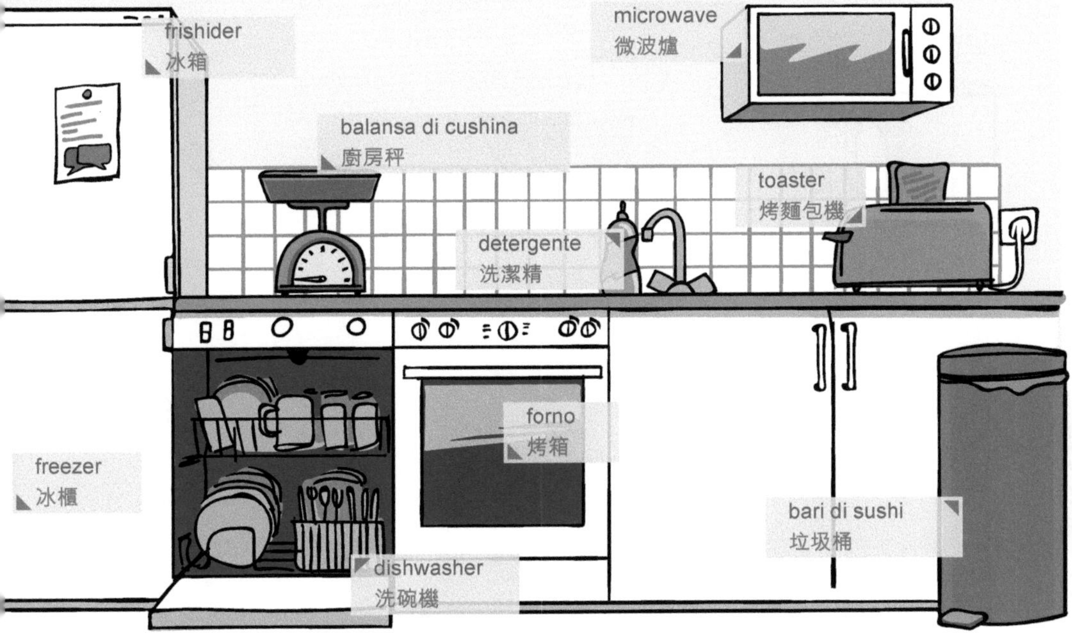

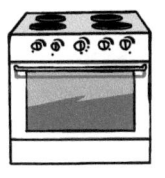

stoof

炊具

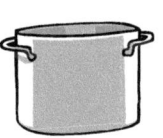

wea

鍋

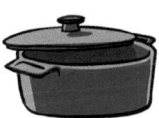

wea di hero

鑄鐵鍋

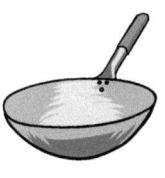

wok

炒鍋

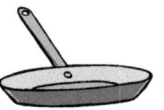

planchi

平底鍋

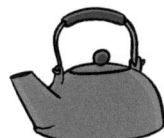

ketel

水壺

steamer

蒸鍋

teblachi pa horna

烤盤

servies

陶瓷鍋

beker

馬克杯

conchi

碗

chopstick

筷子

cuchara di sopi

長柄勺

spatula

鏟子

garde

攪拌器

scurido

濾網

colado

篩子

raspa

磨碎機

fenso

研缽

barbecue

燒烤

candela

明火

planki pa corta

菜板

rostok

擀麵杖

kurkentrek

開瓶器

bleki

罐子

cos di habri bleki

開罐器

pannenlap

隔熱手套

wasbak

水槽

skeiro

刷子

spons

海綿

blender

攪拌機

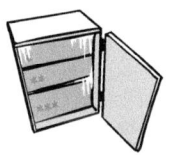

freezer

冷藏箱

tetero

奶瓶

cranchi

水龍頭

baño
浴室

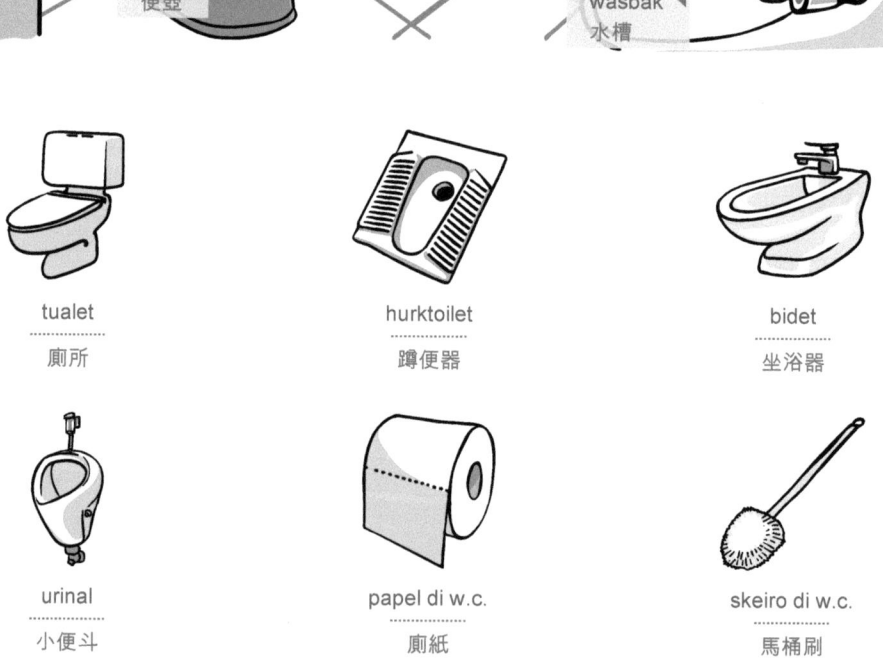

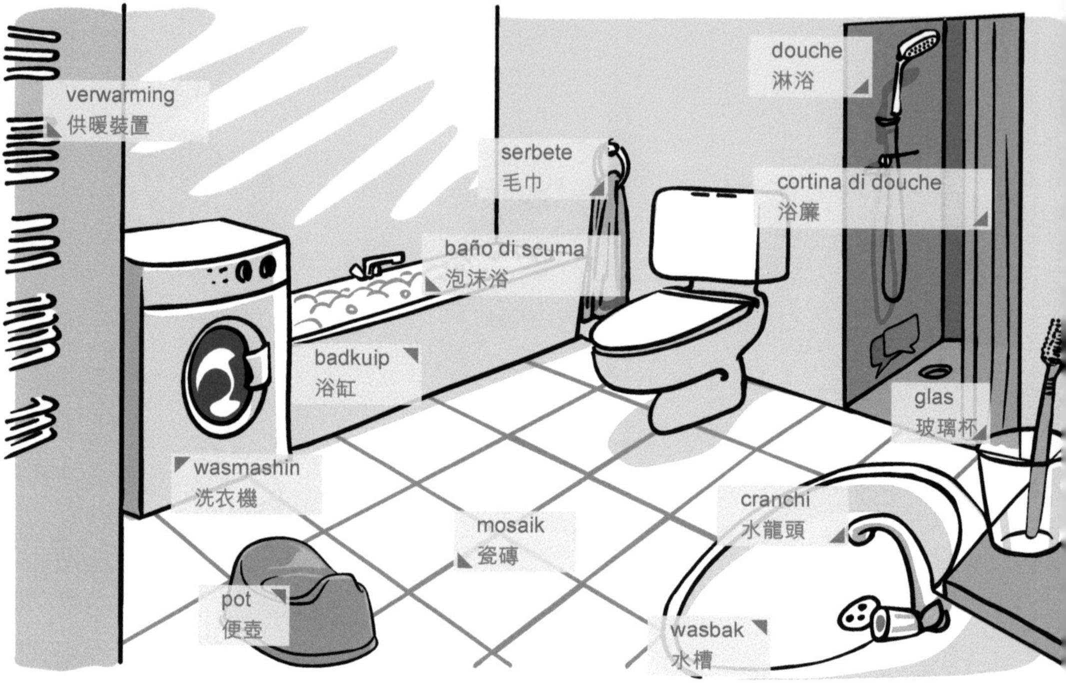

verwarming
供暖裝置
douche
淋浴
serbete
毛巾
cortina di douche
浴簾
baño di scuma
泡沫浴
badkuip
浴缸
glas
玻璃杯
wasmashin
洗衣機
cranchi
水龍頭
mosaik
瓷磚
pot
便壺
wasbak
水槽

tualet
廁所

hurktoilet
蹲便器

bidet
坐浴器

urinal
小便斗

papel di w.c.
廁紙

skeiro di w.c.
馬桶刷

skeiro di djente

牙刷

pasta di djente

牙膏

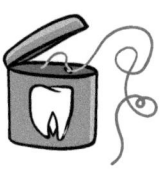

dental floss

牙線

laba

洗

douche di man

手持式蓮蓬頭

bidet

沖洗器

tobo

洗臉盆

skeiro

洗背刷

habon

肥皂

shower gel

沐浴露

shampoo

洗髮乳

washandje

法蘭絨

drain

排水

crema

乳霜

desodorante

除臭劑

spiel

鏡子

spiel di man

手鏡

blet

刮鬍刀

shaving foam

刮鬍泡沫

aftershave

鬍後水

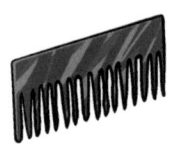

peña

梳子

skeiro

刷子

blower

吹風機

spray pa cabey

噴髮定型劑

makeup

化妝品

lipstick

唇膏

cos di pinta huña

指甲油

catuna

化妝棉

sker pa corta huña

指甲剪

perfume

香水

tas

洗漱包

kruk

凳子

balansa

計重秤

bata

浴袍

handschoen

橡膠手套

tampon

衛生棉條

kotex

衛生棉

wc kimico

化學廁所

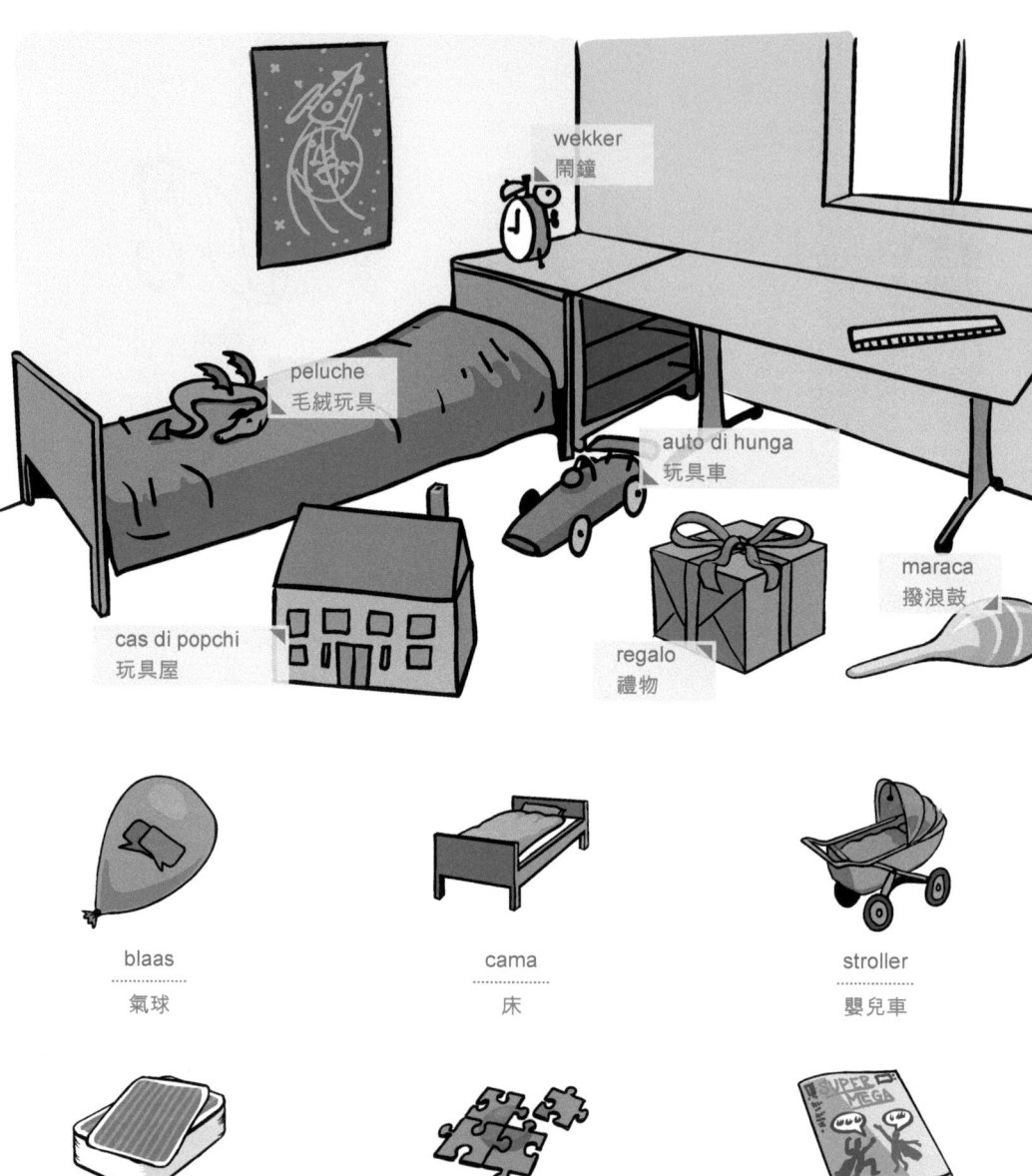

wekker
鬧鐘

peluche
毛絨玩具

auto di hunga
玩具車

maraca
撥浪鼓

cas di popchi
玩具屋

regalo
禮物

blaas
氣球

cama
床

stroller
嬰兒車

baraha di carta
撲克牌

puzzel
拼圖

comic
漫畫

lego

樂高積木

bloki di hunga

積木玩具

figura di accion

公仔

romper

嬰兒服

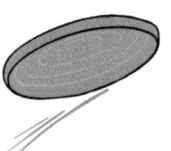

frisbee

飛盤

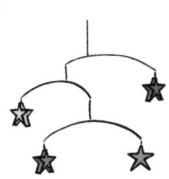

mobil

床鈴玩具

wega di mesa

棋盤遊戲

dou

骰子

set di trein

火車模型

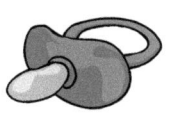

chupon

安撫奶嘴

fiesta

派對

buki di prenchi

繪本

bala

球

popchi

洋娃娃

hunga

玩

zandbak

沙坑

zoya

鞦韆

cos di hunga

玩具

videogame

電玩遊戲

tricycle

三輪車

beer

泰迪熊

cashi di paña

衣櫃

paña

衣服

mea

襪子

mea

長襪

pantyhose

緊身褲

sjaal
圍巾

paraplu
雨傘

T-shirt
T恤

faha
皮帶

boots
靴子

slof
拖鞋

keds
運動鞋

sandalia

涼鞋

sapato

鞋

laars di rubber

雨靴

carsonsio

內褲

bh

胸罩

flanel

背心

body

身體

carson

褲子

jeans

牛仔褲

saya

短裙

blusa

女式襯衫

camisa

襯衫

sweater

套頭衫

sweater

連帽上衣

blazer

西裝夾克

jacket

夾克

jas

外套

regenjas

雨衣

flus

套裝

shimis

連衣裙

shimis di bruid

婚紗

flus

西裝

yapon

睡袍

pidjama

睡衣

sari

莎麗

lenso di cabes

頭巾

turban

包頭巾

burqa

波卡

kaftan

卡夫坦

abaya

(阿拉伯式)長袍

zwempak

泳衣

zwembroek

男式泳褲

carson cortico

短褲

trainingspak

運動服

lantera

圍裙

handschoen

手套

boton

鈕扣

bril

眼鏡

armband

手鏈

cadena

項鍊

renchi

戒指

renchi di horea

耳環

pechi

便帽

kapstok

衣架

sombre

帽子

dashi

領帶

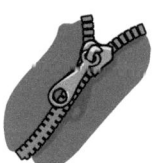

ziper

拉鍊

helm

安全帽

guiel

背帶

uniform di scol

校服

uniform

制服

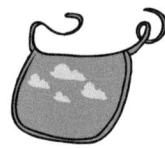

babado

圍兜

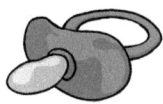

chupon

安撫奶嘴

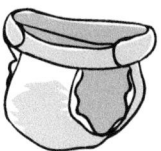

bruki

尿布

oficina

辦公室

server
伺服器
filekast
檔案櫃
printer
印表機
papel
紙
pantaya
螢幕
lessenaar
辦公桌
mouse
滑鼠
map
資料夾
keyboard
鍵盤
stoel
椅子
bari di sushi
廢紙簍
computer
電腦

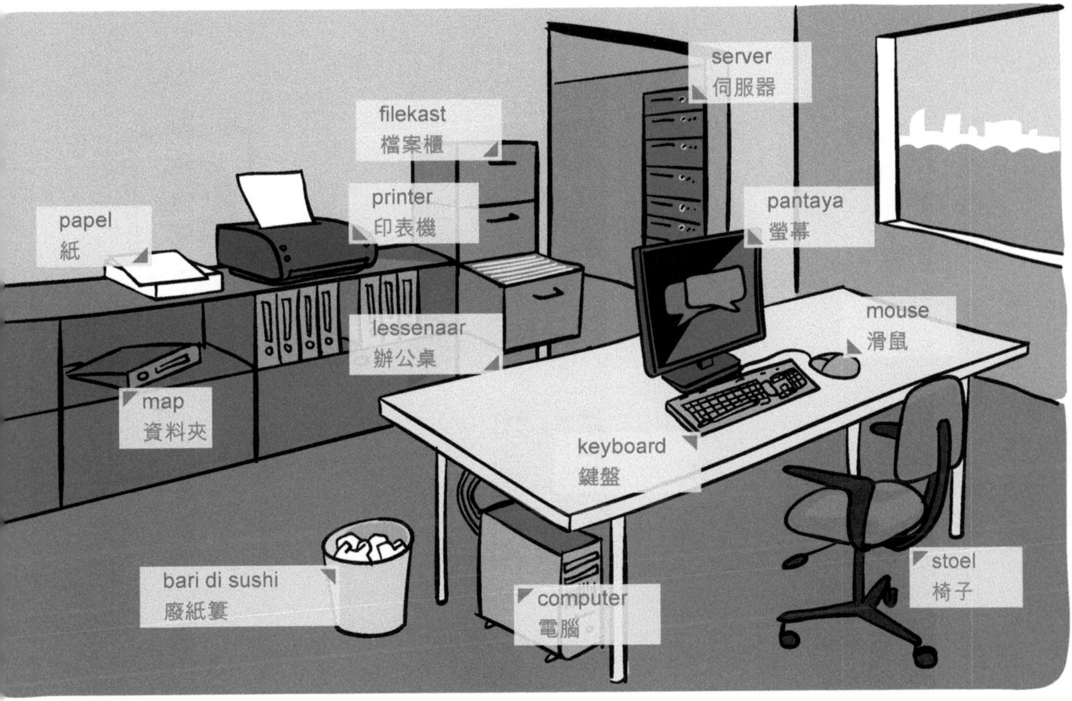

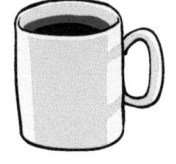

copi pa bebe koffie

咖啡杯

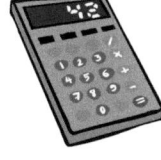

calculator

計算機

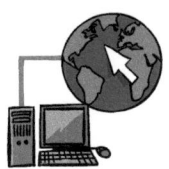

internet

網際網路

laptop

筆記型電腦

carta

信件

mensahe

簡訊

celular

行動電話

red

網路

mashin di copia

影印機

software

軟體

telefon

電話

stopcontact

插座

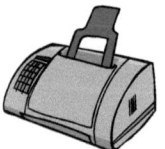

fax mashin

傳真機

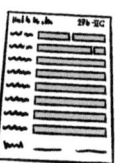

formulario

表格

documento

檔案

cumpra

買

paga

付錢

negosha

交易

placa

現金

dollar

美元

euro

歐元

yen

日元

roebel

盧布

frank suiso

瑞士法郎

yuan renminbi

人民幣

roepi

盧比

bancomatico

提款處

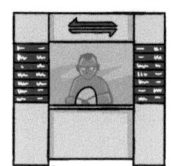

oficina di cambio

外幣兌換處

oro

金

plata

銀

azeta

石油

energia

能源

prijs

價格

contract

合約

impuesto

稅金

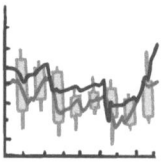

share

股票

traha

工作

empleado

職員

dunado di trabou

老闆

fabrica

工廠

tienda

商店

ofishi / profesion
職業

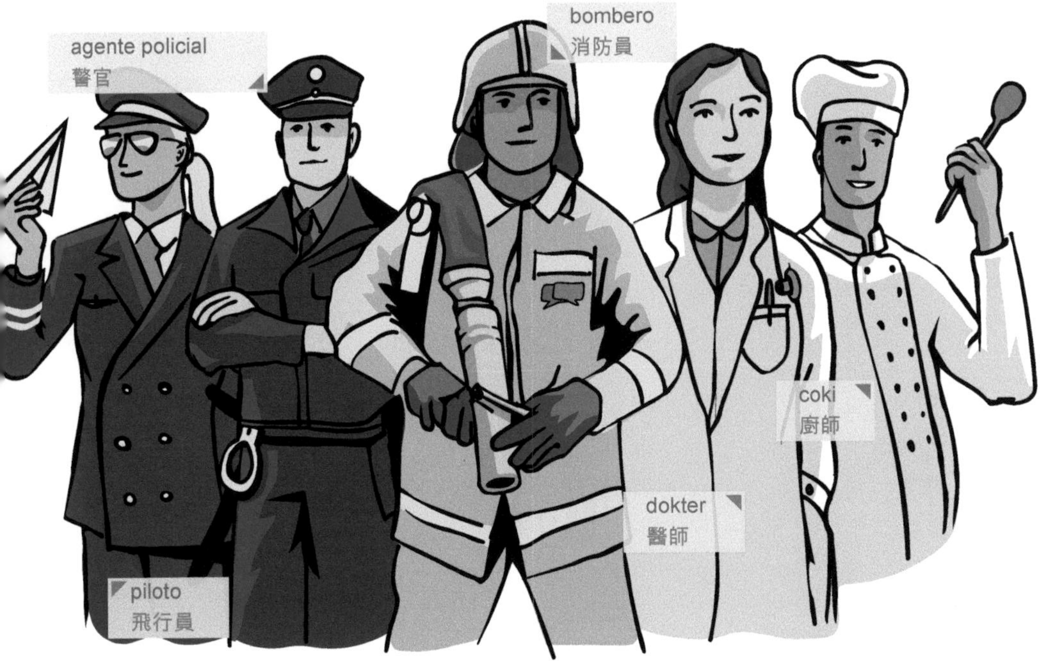
agente policial
警官
bombero
消防員
coki
廚師
dokter
醫師
piloto
飛行員

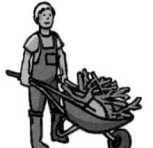

hardinero

園丁

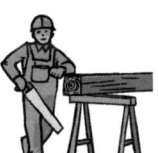

carpinte

木匠

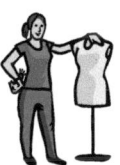

cosedo

裁縫

hues

法官

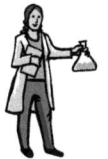

kimico

化學家

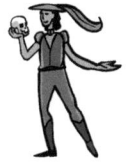

actor

演員

chauffeur di bus

公車司機

chauffeur di taxi

計程車司機

piscado

漁夫

hende cu ta haci cas limpi

清洗女工

drechado di dak

屋頂工

waiter

服務生

jaagdo

獵人

verfdo

畫家

panadero

麵包師

electricista

電工

trahado den construccion

建築工人

ingeniero

工程師

carnicero

屠夫

loodgieter

水管工

partido di carta

郵差

solda

士兵

arkitecto

建築師

cahero

收銀員

florista

花農

pelukero / pelukera

理髮師

controlado di ticket

售票員

mecanico

機械技師

capitan

船長

dentista

牙醫

cientifico

科學家

rabbi

拉比

imam

伊瑪目

monk

和尚

pastor

牧師

herment

工具

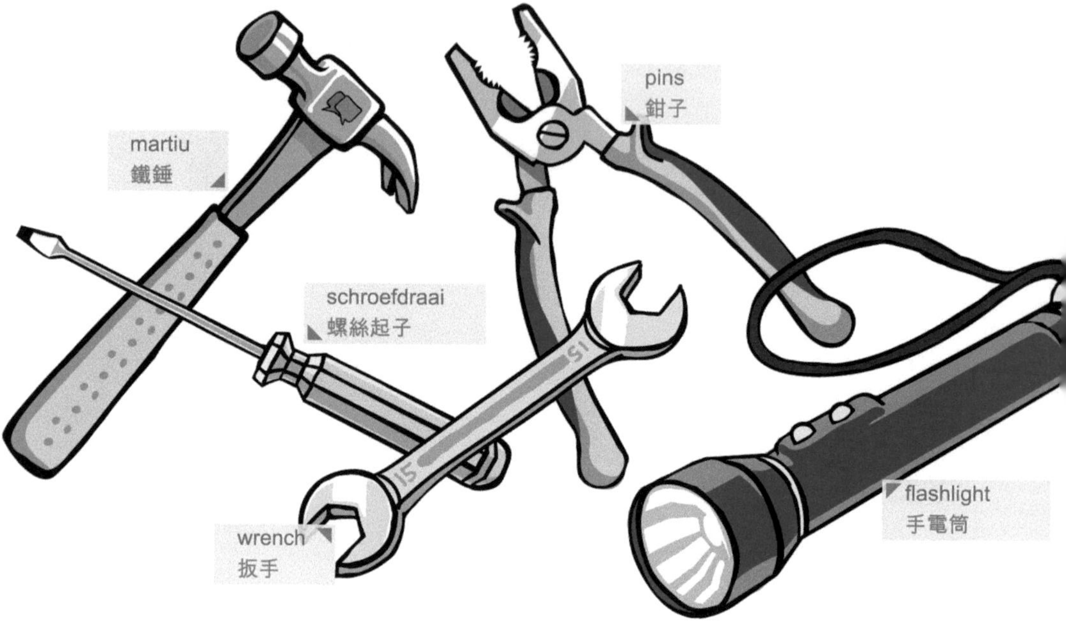
martiu
鐵錘
pins
鉗子
schroefdraai
螺絲起子
wrench
扳手
flashlight
手電筒

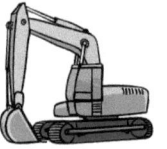

bulldozer

挖掘機

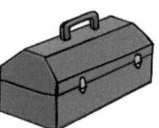

caha di herment

工具箱

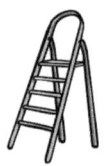

trapi

梯子

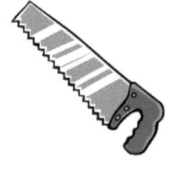

zaag

鋸子

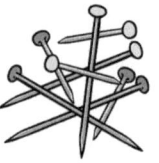

clabo

釘子

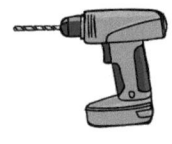

boormashin

鑽機

drecha
修

shobel
鏟子

caraho!
糟糕！

scop
畚箕

bleki di verf
油漆桶

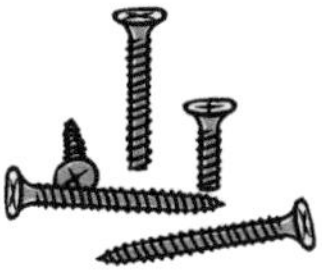

schroef
螺絲

instrumento musical
樂器

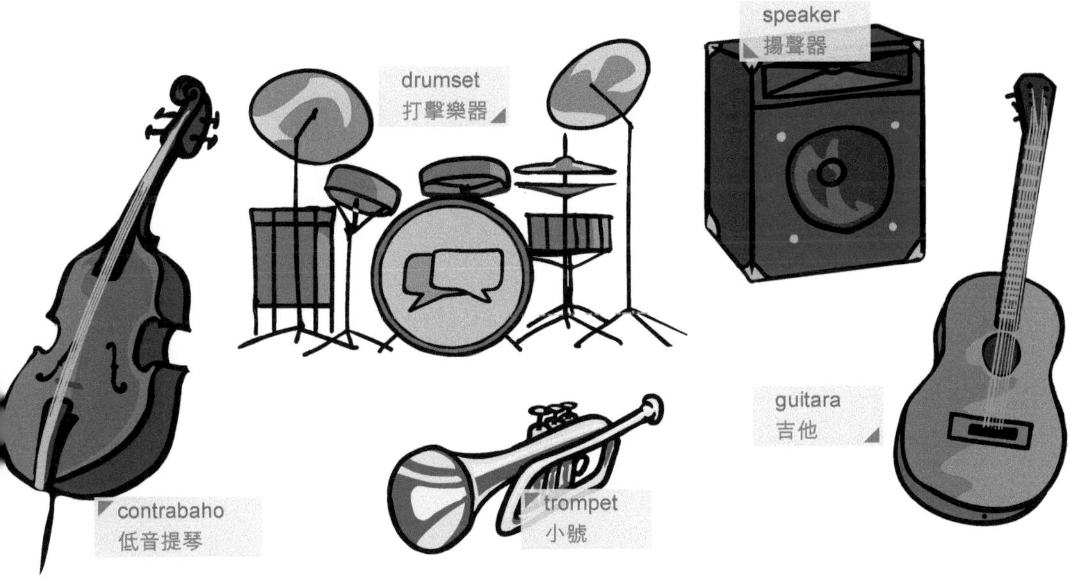

drumset
打擊樂器

speaker
揚聲器

guitara
吉他

contrabaho
低音提琴

trompet
小號

piano

鋼琴

fio

小提琴

baho

貝斯

timbal

定音鼓

tambu

鼓

keyboard

電子琴

saxofon

薩克斯風

fluit

長笛

microfon

麥克風

instrumento musical － 樂器

tiger
老虎

entrada
入口

couchi
籠子

zebra
斑馬

cuminda di bestia
動物飼料

panda
熊貓

animal

動物

olifante

大象

cangaru

袋鼠

neushoorn

犀牛

gorila

大猩猩

beer

熊

camel

駱駝

avestruz

鴕鳥

leon

獅子

macaco

猴子

flamingo

紅鶴

lora

鸚鵡

beer polar

北極熊

pinguin

企鵝

tribon

鯊魚

pauwies

孔雀

colebra

蛇

caiman

鱷魚

cuidado di bestia

動物園管理員

cacho di awa

海豹

jaguar

美洲豹

pony

矮種馬

leopardo

豹

hipopotamo

河馬

giraf

長頸鹿

aguila

老鷹

porco di mondi

野豬

pisca

魚

turtuga

龜

walrus

海象

vos

狐狸

gazelle

羚羊

deporte
體育

futbol Americano
橄欖球

ciclismo
騎腳踏車

tennis
網球

basketball
籃球

landamento
游泳

boxeo
拳擊

ice hockey
冰球

futbol
美式足球

badminton
羽毛球

atletismo
田徑

handbal
手球

ski
滑雪

polo
馬球

bula
跳

brasa
擁抱

hari
笑

cana
走路

canta
唱

soña
做夢

resa
祈禱

sunchi
親吻

skirbi
書寫

pinta
畫

mustra
展示

primi
推

duna
給

coy
拿

tin

有

haci

做

ta

當

para

站

core

跑

ranca

拉

tira

丟

cay

摔倒

drumi

躺

warda

等待

carga

攜帶

sinta

坐

bisti

穿衣

drumi

睡覺

lanta fo'i soño

醒來

actividad - 活動

mira

看

yora

哭

caricia

擊

peña

梳頭

papia

交談

compronde

明白

puntra

問

scucha

聽

bebe

喝

come

吃

ruim op

清理

stima

愛

cushna

做飯

bai

開車

bula

飛

actividad - 活動

zeilo

航行

conta

計算

lesa

讀

siña

學習

traha

工作

casa

結婚

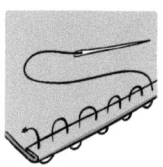

cose

縫

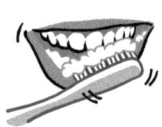

skeiro djente

刷牙

mata

殺

huma

抽菸

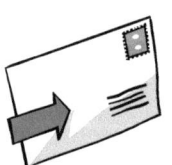

manda

寄

wela
祖母

welo
祖父

tata
父親

mama
母親

baby
嬰兒

yiu muhe
女兒

yiu homber
兒子

huesped

客人

tanta

阿姨

omo

叔叔

ruman homber

兄弟

ruman muhe

姐妹

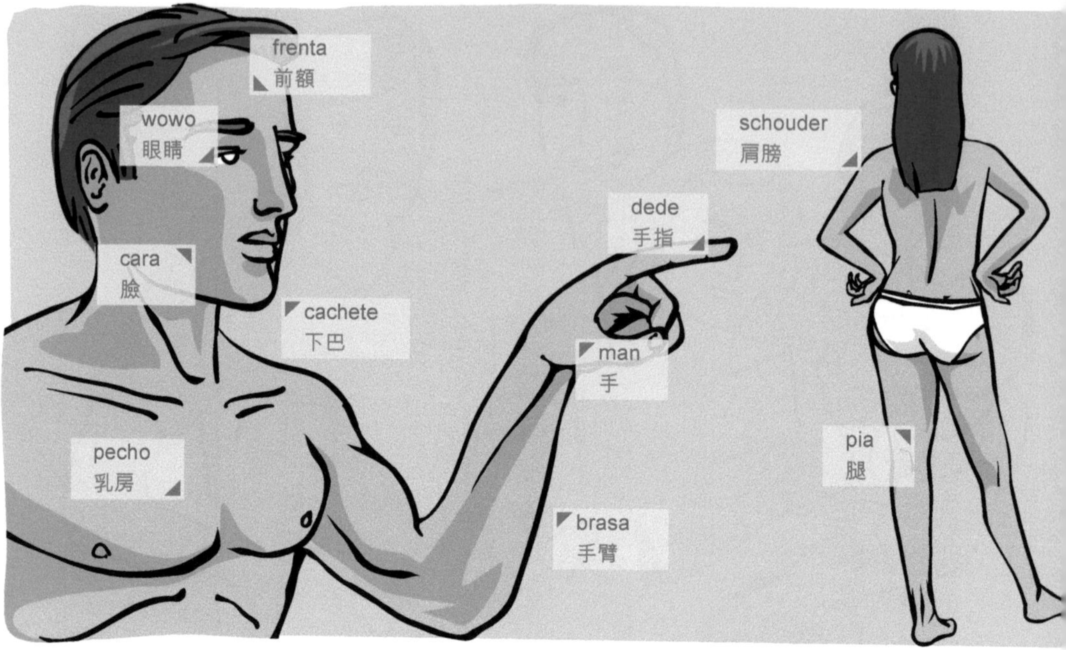

frenta
前額

wowo
眼睛

schouder
肩膀

dede
手指

cara
臉

cachete
下巴

man
手

pecho
乳房

pia
腿

brasa
手臂

baby
嬰兒

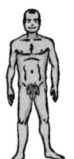

homber
男人

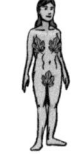

muhe
女人

mucha muhe
女孩

mucha homber
男孩

cabes
頭

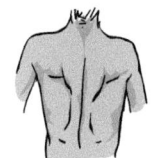

lomba

背部

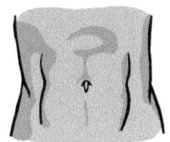

bariga

肚子

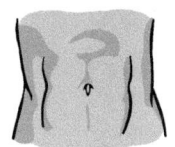

lombrishi

肚臍

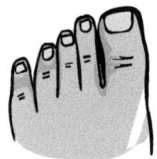

dede di pia

腳趾

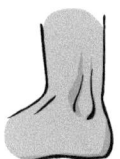

hilchi

腳後跟

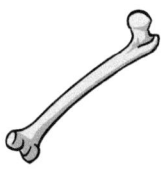

weso

骨頭

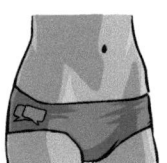

heup

臀部

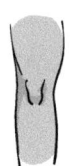

rudia

膝蓋

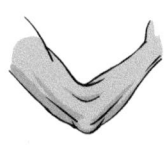

elleboog

手肘

nanishi

鼻子

chanchan

屁股

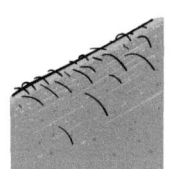

cuero

皮膚

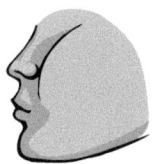

wang

臉頰

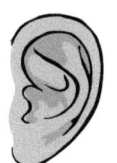

horea

耳朵

lip

嘴唇

boca

嘴

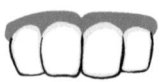

djente

牙齒

lenga

舌頭

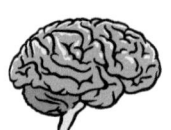

celebro

腦

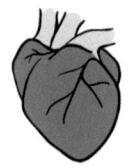

curason

心臟

musculo

肌肉

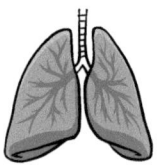

pulmon

肺

higra

肝臟

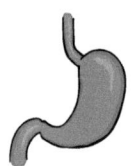

stoma

胃

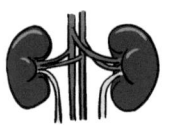

nier

腎臟

sex

性交

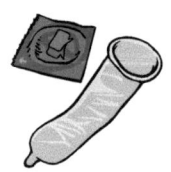

condon

保險套

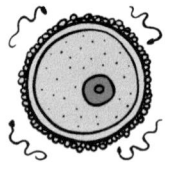

ovulo

卵子

sperma

精子

embaraso

懷孕

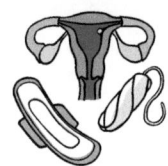

menstruacion

月事

vagina

陰道

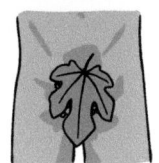

penis

陰莖

wenkbrauw

眉毛

cabey

頭髮

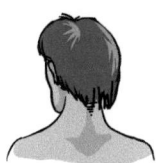

nek

脖子

hospital
醫院

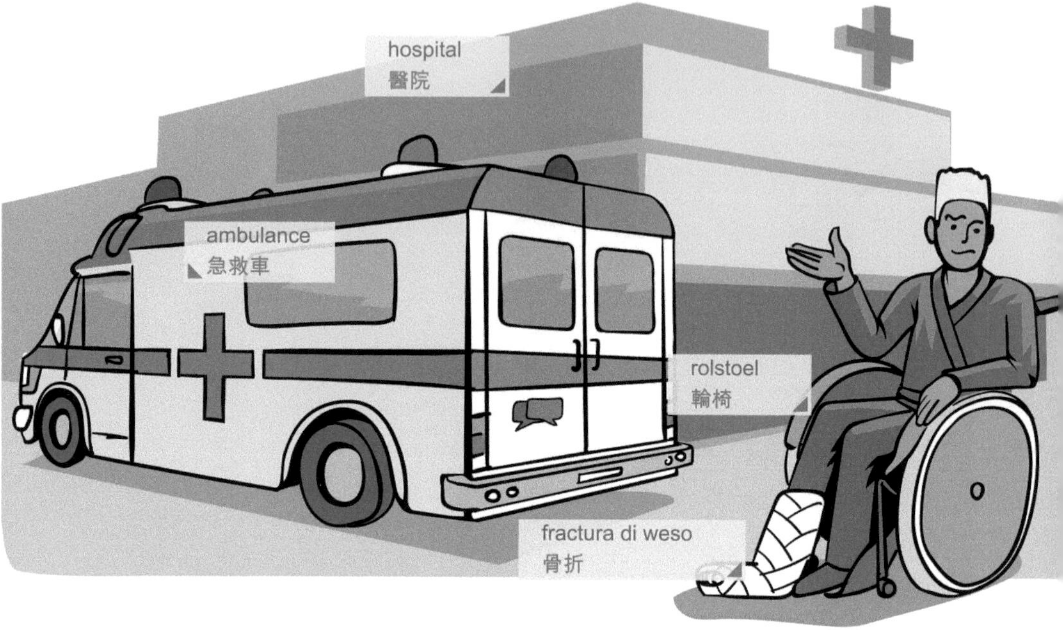

hospital
醫院
ambulance
急救車
rolstoel
輪椅
fractura di weso
骨折

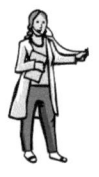

dokter

醫師

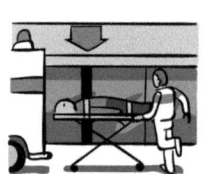

EHBO (prome asistencia/eerste hulp)

急診室

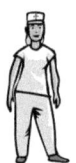

nurse

護理師

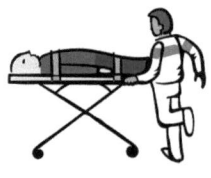

caso di emergencia

緊急情形

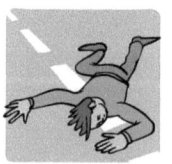

fo'i tino

昏迷

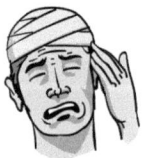

dolor

痛

lesion

受傷

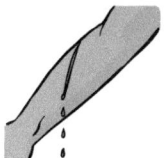

sangramento

出血

ataca di curason

心臟病發作

ataca celebral

中風

alergia

過敏

tosa

咳嗽

keintura

發燒

griep

流感

diarea

腹瀉

dolor di cabes

頭痛

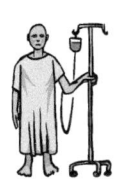

cancer

癌症

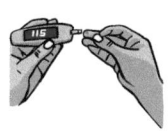

diabetes

糖尿病

ciruhano

外科醫師

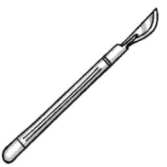

scalpel

手術刀

operacion

手術

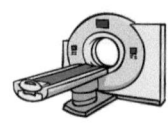

CT

電腦斷層掃描

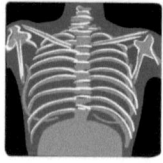

x-ray

X光

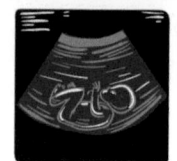

echo

超音波

masker contra stof

口罩

malesa

疾病

sala di espera

候診室

kruk

拐杖

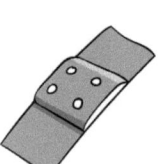

pleister

石膏

verband

繃帶

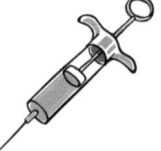

inyeccion

注射

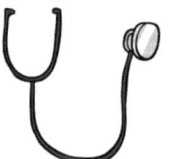

stetoscop

聽診器

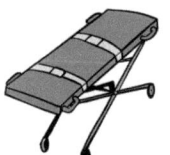

brancard

擔架

thermometer

體溫計

nacemento

出生

sobrepeso

超重

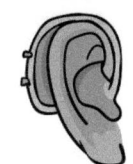

aparato pa oido

助聽器

desinfectante

消毒液

infeccion

感染

virus

病毒

HIV / AIDS

愛滋病

remedi

藥物

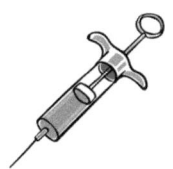

vacuna

接種疫苗

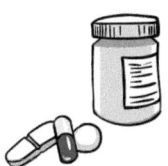

pilder

藥片

pilder

藥丸

yamada di emergencia

急救電話

aparato pa midi presion

血壓計

malo / saludabel

生病/健康

auxilio!

救命！

alarma

警報

atraco

突擊

atake

攻擊

peliger

危險

salida di emergencia

緊急出口

candela

失火了！

brandspuit

滅火器

desgracia

意外

caha di prome asistencia

急救箱

SOS

呼救訊號

polis

員警

Europa

歐洲

Noord America

北美洲

Sur America

南美洲

Africa

非洲

Asia

亞洲

Australia

澳洲

Oceano Atlantico

大西洋

Oceano Pacifico

太平洋

Oceano Indio

印度洋

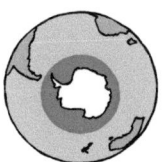

Oceano Antartico

南冰洋

Oceano Artico

北冰洋

Noordpool

北極

Zuidpool

南極

Antartica

南極洲

mundo

地球

tera

陸地

lama

海

isla

島

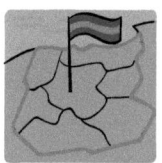

nacion

國家

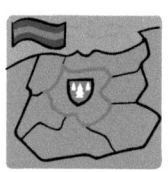

estado

州

holoshi analog

錶盤

wijzer chikito

時針

wijzer grandi

分針

wijzer di seconde

秒針

Cuant'or tin?

現在幾點？

dia

天

tempo

時間

awor

現在

holoshi digital

電子錶

minuut

分

ora

時

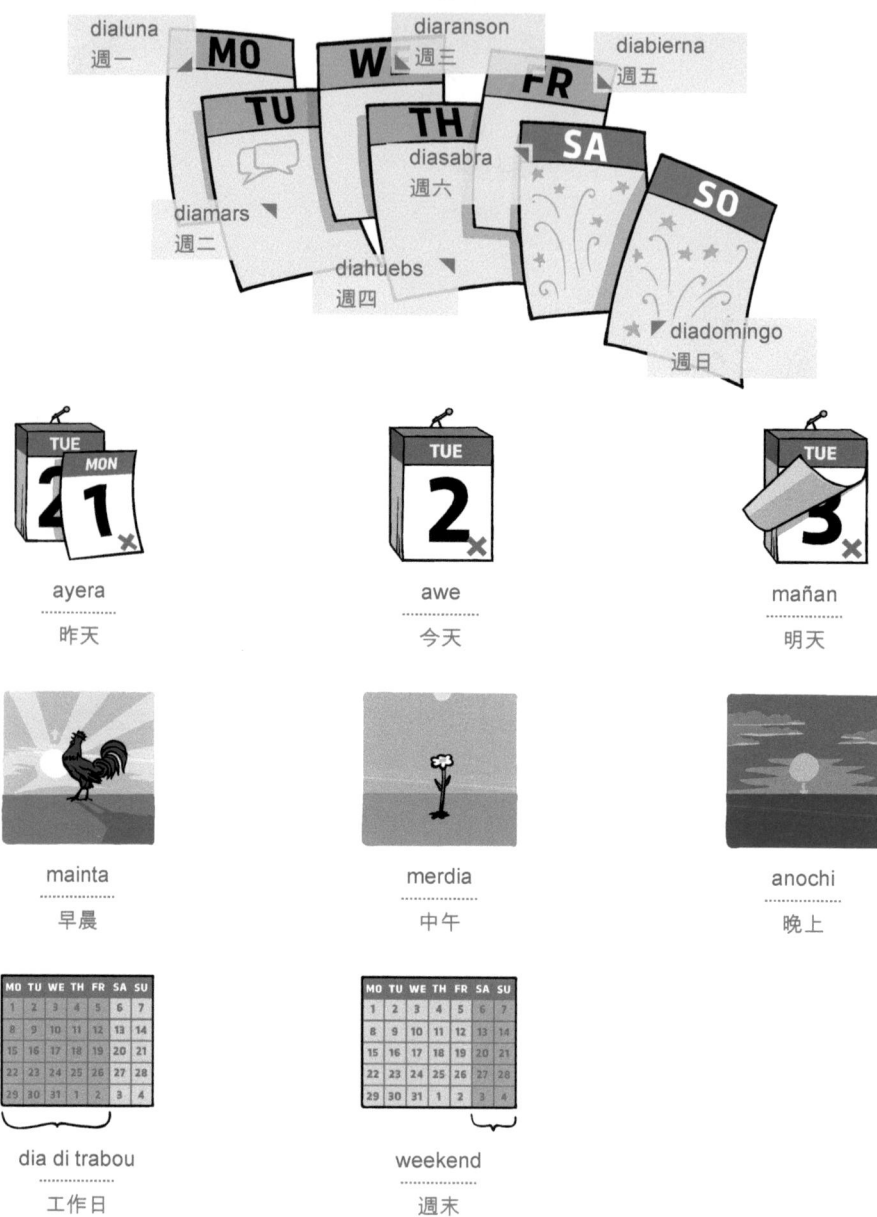

dialuna
週一

diaranson
週三

diabierna
週五

MO

W

FR

TU

TH

SA

diasabra
週六

diamars
週二

diahuebs
週四

SO

diadomingo
週日

ayera
昨天

awe
今天

mañan
明天

mainta
早晨

merdia
中午

anochi
晚上

dia di trabou
工作日

weekend
週末

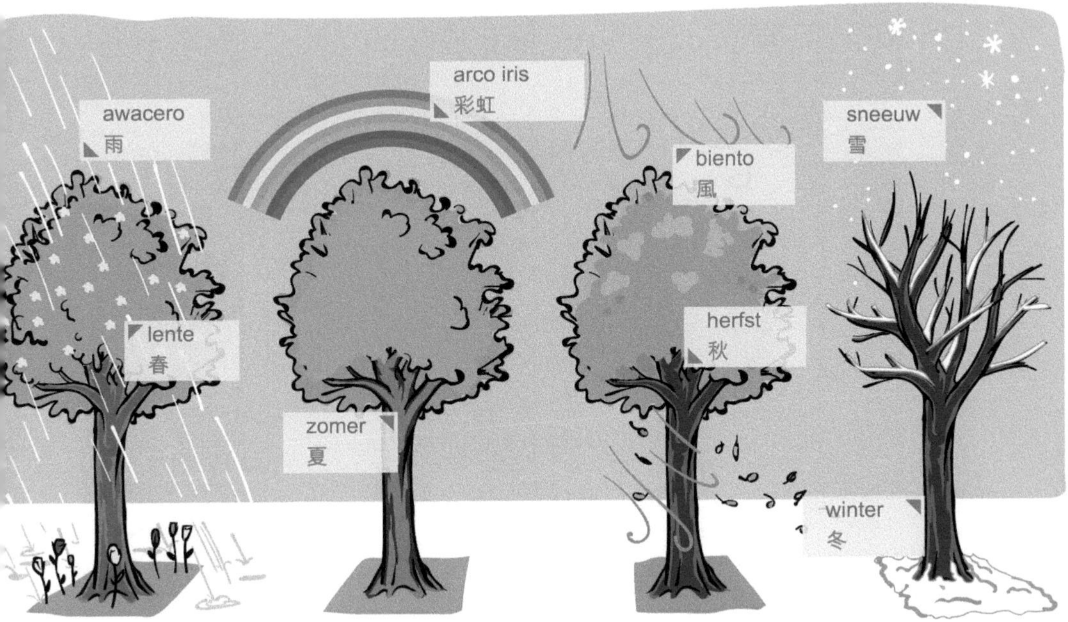

awacero
▶雨

arco iris
彩虹

sneeuw
雪

▶biento
風

lente
春

herfst
秋

zomer
夏

winter
冬

pronostico di tempo
天氣預告

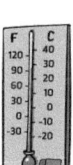

thermometer
溫度計

solo ta briya
陽光

nubia
雲

neblina
霧

humedad
潮濕

lamper

閃電

strena

打雷

mal tempo

風暴

hagel

冰雹

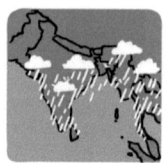

mal tempo

季風

inundacion

洪水

ijs

冰

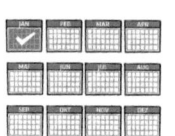

januari

一月

februari

二月

maart

三月

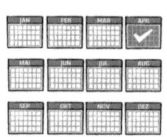

april

四月

mei

五月

juni

六月

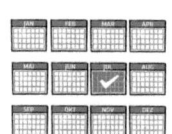

juli

七月

augustus

八月

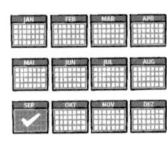

september

九月

october

十月

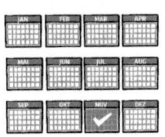

november

十一月

december

十二月

circulo

圓形

cuadra

正方形

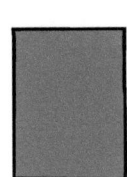

rectangulo

長方形

triangulo

三角形

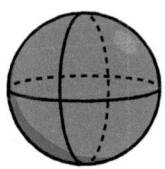

bol

球體

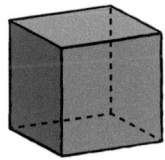

kubus

立方體

blanco

白

geel

黃

oraňo

橙

ros

粉

cora

紅

biňa

紫

blauw

藍

berde

綠

bruin

棕

shinishi

灰

preto

黑

hopi / tiki

很多/少許

rabia / trankil

生氣/平靜

bunita / mahos

美/醜

comienso / final

首/尾

grandi / chikito

大/小

cla / scur

明/暗

ruman homber / ruman
muhe

兄弟/姐妹

limpi / sushi

乾淨/骯髒

completo / incompleto

完整/缺失

dia / anochi

白天/晚上

morto / bibo

死/生

hancho / smal

寬/窄

comibel / incomibel

可食用/非食用

mal hende / bon hende

邪惡/善良

ansioso / ferfela bo mes

興奮/無聊

gordo / flaco

胖/瘦

prome / ultimo

第一/最後

amigo / enemigo

朋友/敵人

yen / bashi

滿/空

duro / moli

硬/軟

pisa / lihe

重/輕

hamber / sed

餓/渴

malo / saludabel

生病/健康

ilegal / legal

非法/合法

inteligente / sabi

聰明/愚笨

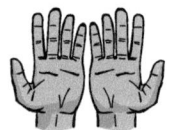

robes / drechi

左/右

cerca / leu

近/遠

nobo / uza

新/舊

nada / algo

沒有/有些

bieu / jong

老/幼

cendi / paga

開/關

habri / cera

打開/闔上

keto / duro

安靜/吵鬧

rico / pober

富/窮

bon / fout

對/錯

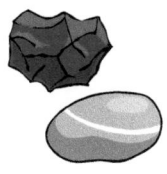

grof / liso

粗糙/光滑

tristo / contento

傷心/高興

cortico / largo

短/長

pocopoco / lihe

慢/快

muha / seco

濕/乾

cayente / friu

溫暖/涼爽

guera / paz

戰爭/和平

0

cero

零

1

un

一

2

dos

二

3

tres

三

4

cuater

四

5

cinco

五

6

seis

六

7

shete

七

8

ocho

八

9

nuebe

九

10

dies

十

11

diesun

十一

12
diesdos
十二

13
diestres
十三

14
diescuatro
十四

15
diescinco
十五

16
diesseis
十六

17
diesshete
十七

18
diesocho
十八

19
diesnuebe
十九

20
binti
二十

100
shen
百

1.000
mil
千

1.000.000
miyon
百萬

語言

Ingles

英語

Ingles Mericano

美式英語

Chines Mandarin

普通話

Hindi

印地語

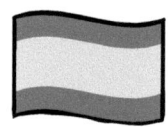

Spaño

西班牙語

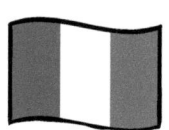

Frances

法語

Arabe

阿拉伯語

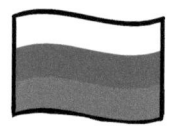

Ruso

俄語

Portugues

葡萄牙語

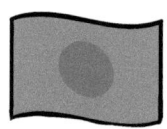

Bengal

孟加拉語

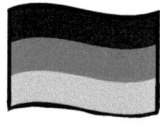

Aleman

德語

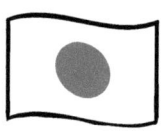

Hapones

日語

ami

我

abo

你

e

他/她/它

nos

我們

boso

你們

nan

他們

ken?

誰？

kico?

什麼？

con?

如何？

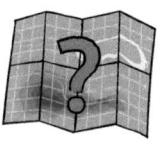

unda?

何處？

ki ora?

何時？

nomber

名字

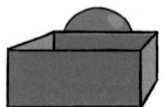

patras

後面

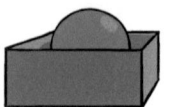

den

裡面

dilanti di

前面

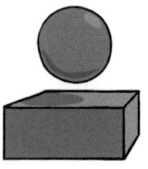

ariba

上方

riba

上面

bou di

下麵

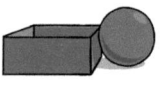

banda di

旁邊

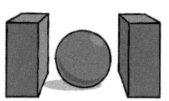

entre

中間

luga

地點